声字《しょうじ》即実相《そくじっそう》の神示《しんじ》

わが第一の神殿は既《すで》に成《な》れり。名付けて『生命《せいめい》の實相《じっそう》』という。完成《ななつ》の年になりてわが第一の神殿が完成するのも生命の顕現《けんげん》には周期的波動があるからである。七つが事物の顕現の周期律になっている。われに神殿は不要であると嘗《かつ》て示したことがあろう。われは道《ことば》であるから、わが道《ことば》を語るところに吾《わ》が神殿は築かれる。わが道《ことば》を載せた『生命の實相』こそわが神殿である。『生命の實相』はわが本体であり、無形の「生命の実相」を形にあらわしたのが『生命の實相』の本である。「言葉」を載せた書物を「本」と言うのも、「言葉」こそ事物の本《もと》であり、本質であり、本体であり、本物であるからである。「言葉の宇宙」が先ず出来て、「形の宇宙」がその映像《かげ》としてあらわれるのである。今迄の宇宙は、「言葉」が実相を語らず、調和で濁《にご》っていたから、宇宙の万物の運行が乱れて生活苦や病気や、天災や戦争など色いろ不調和なこばかり起ったのである。『生命の實相』の本が出た以上は、言葉が実相を語り、善《よ》き円満な調和した言の「本《もと》」が調《ととの》うたのであるから今後何事も急転直下する。『生命の實相』を開くだけで病念は去り、煩《はん》悶解決し、人々ただ自己の生命の実相《ほんとのすがた》を知り、歓喜踊躍《かんきようやく》して手の舞い足の踏む所を知らないに至るその三番叟《さんばそう》に過ぎない。その歓びの相《すがた》こそ人間の生命の実相である。わが道《ことば》を「生命の実相」と呼ば、それを本の形にして、披《ひら》いて読むものにさせたのも象徴的因縁あることである。『生命の實相』がけば形の理想世界が成就するのである。今は過渡時代であるから、仮相《かりのすがた》の自壊作用として色々の出来事が突発する。日支《にっし》の戦いはその序幕である。神が戦いをさせているのではない。迷いと迷いと相搏《あいう》って自壊するのだ。まだまだ烈《はげ》しいことが今後起るであろうともそれは迷いのケミカライゼーションであるから生命の実相をしっかり握って神に委《まか》せているものは何も恐るる所はない。(昭和七年一月十一日神示)

「生長の家」と私

「私はこの『生長の家』の生き方がどんなに善《よ》い生活だかということについては、確信を有《も》っている。諸方の読者から集って来る多くの讃辞《さんじ》は私のこの確信がただのウヌ惚《ぼ》れでないことを第三者として証拠立てている。なかには私を教祖あつかいにして下さる誌友《しゆう》もあるが、私は『生長の家』の教祖ではない。私は諸君と共に『生長の家』の教えを聴聞《ちょうもん》して、ひたすら、その教えの如《ごと》く生き行《ゆ》かんと努力せる一人の求道者《ぐどうしや》に過ぎない。私がまだこの世的な悩みを幾分でも有《も》っているのは私の生活がまだ『生長の家』の生き方には完全になり切っていないからである。無論この雑誌の原稿は私の手にもったペンによって書かれる。しかし、ひとたび『生長の家』を書こうとして私がペンをもって机に向うとき、私はもうふだんの私ではないのである。霊来《きた》りて私を導く。弱い性質の私にはとても書けない強い言葉が流れるように湧《わ》いて来る。第二号の『生長の家の歌』(註・今の聖経『甘露の法雨』)の如《ごと》きは自分ながら驚くほど強いことが書けている。私が亀岡にいたとき、私が専念、教えのことを書いているのを傍《かたわら》で見ていた霊視能力者の加藤氏は、私と別な霊人《れいじん》が筆をとっている姿を見たといっていた。それは信じて好《よ》いかどうかは知らない。しかしもし

『生長の家』に教祖というべきものがあるならば、この地上の私ではないであろう。

「およそ宗教的な深さをもったものは、それが教えであると芸術であるとを問わず、その源《みなもと》は霊界にあるのである。古来から神品《しんぴん》といい神倈《しんらい》といいインスピレーションといったのはこれである。吾々《われわれ》はすべて霊界及び現世《げんせ》の人々からラジオ的に放送されて来る思想波動を感受するところの受信機であるのである。しかしJOAKの放送を受けるにはラジオの受信機の調節をJOAKの放送に合わさなければならぬであろう。それと同じく吾らが一層高き世界より来る思想波動に感ずるためには、自分の心をその思想波動に調子を合わさねばならぬのである。ここに吾らは不断に心を清め、心を一層高き世界よりの波動に感ずるように訓練しなければならない。この訓練が足りないとき雑音が混《まじ》る。受けるインスピレーションが不純なものとなる。もし私の書くものに純粋でない雑音が混っているならば、それは私の罪であって、霊界よりこの地上に『生長の家』運動をはじめた神秘者の罪ではないのである。」

ところが、埼玉県から霊眼によって、私が「生長の家」の原稿を書いている現場を透視した人があって、私が霊感によって書くということを客観的に証拠だてた人があります。

それは埼玉県の笠原政好《かさはらまさよし》君であって、同君からは昭和六年一月一日付で次のような報告が来ています。

「神想観《しんそうかん》を実修して、大虚無《だいきょむ》の境地に入っていた。ふと目に映《えい》じ出した、私の処《ところ》から西南に当る方向に先生の姿が髣髴《ほうふつ》として見える。実はまだ私は一度も先生のお顔を拝見した事はない。それが霊の性質かも知れないが、確実に見える。さっきから先生は広間の片隅で穆々《ぼくぼく》しく机に向ってお馴染《なじ》みのペンを持って何か御考《おかんが》えを書いている。姿勢よく坐《ざ》し、しかとペンを握《にぎ》り充分に含ませたインク、あたりの光景は手に取るように見える。光明《こうみょう》は先生の体から無限にも放出する。ちょっと弱そうな容貌《ようぼう》、しかしその熱烈さ。『道《みち》』に奉ずるの御決心は一目瞭然《いちもくりょうぜん》である。生き生きしたペンはソロリソロリ走り出した。まだ何行とも書かぬ中《うち》先生は無我の中《うち》に置かれ、またたくまにペンのスピードは前とはまるで変ってくる。走る走るあらっと思う間もなく全然先生とは異《ちが》った人になっている。口許の締《しま》った、あご髭《ひげ》の胸まで垂《た》れ下った、見るだに気高《けだか》き霊人だ。あれ先生はどこにと、見詰《みつ》めた。ああ先生は霊人の内に融《と》け込《こ》んでいるのだ。霊人は全支配権を握って、わき目も振らず書を進めて行く。あれ何《な》んという、推敲《すいこう》もせずそしてペンの早さは目も及ばぬ程だ。まあ不思議なこと一体どこから来た方だろう。霊人の体から神々《こうごう》しい霊光が放たれ付近は光明浄土《こうみょうじょうど》と化した。静寂《せいじゃく》また静寂、付近はまだ霊人の占領地となっている。やがてペンははたと止《や》み、霊人はどこにか姿を消してしまった。目的の文が出来上ったらしい。後は先生の独坐《どくざ》と変った。やれやれ重荷でも下《お》りた様子。籠《かご》の鳥が放たれたように急にのんびりして今書き終った短文を精読《せいどく》している。精鋭《せいえい》な先生の視力はやたらに文字に引摺《ひきず》られて行く。二回も三回も熱読して益々神秘の霊感に打たれている。『無理はない』渺漠《びょうばく》の領境に導かれるどころか独専霊人の書だ。数十分の間私は恍然《こうぜん》としてこの光景に釣り込まれて、ひたすら現象の成行《なりゆ》きを見詰めていた。先生はこれを整理してまた他の目的に向ってお働きになられた。

付言《ふげん》、先月十四日にも神想観《しんそうかん》実修の折、目に映ったことがあり、昨夜も同然御動静を拝し、当夜はまたこんな勝《すぐ》れた光景にまで出会《でくわ》しました。政好は年若く、世の経験に乏しいものです。ですが総《すべ》てを政好の感性の所産と思召下《おぼしめし》さるな。私は初めて自分の偉大さを知る。私は私の背後にもやはり常に私を操《あやつ》って下さる方のいることを信ずる故《ゆえ》に。頓首《とんしゅ》。（十二月三十日夜）

当夜ありました現象《ことがら》を記《しる》しておいて少し忙《せわ》しかったために御送り出来ませんでした。只今自分ながら何だか変な感じがします。一体こんな事があったろうか。もしや先生に笑われはしないだろうか。しかし只事《ただごと》ではなかった、実際あったのだ。また気付いて御照会致します。偶然こんな風に出来上っていたのですから、何卒《なにとぞ》悪《あ》しからず。（一月一日朝）」（新編『生命の實相』第1巻19〜24頁）以降の出典は全て新編『生命の實相』

『生命の實相』を世に贈り出した理由

神からの十全の神徳《しんとく》を真直《まっすぐ》に射《さ》し込まして頂くに必要な条件であるところの、神を完全の相《すがた》に於て理解した上で神を信ずるというのが「生長の家」の信仰なのであります。唯《ただ》、何でも彼《か》でも怪力だから信ずる、御利益《ごりやく》があるから信ずる、霊力があるから信ずるというのでは生長の家の信仰ではないのであります。それで、神をその十全の神徳に於て理解し、同時に神の創造《つく》り給《たま》える「実在世界」の実相《ほんとのすがた》を理解して、本当のおかげを得て頂くために、私は聖典『生命《せいめい》の實相《じっそう》』を世に贈り出したのであり、また毎月《まいげつ》の『生長の家』誌を書いているのであります。吾々《われわれ》は「存在の実相」を知る心の眼を開くために『生命の實相』や『生長の家』のような真理を書いた書籍雑誌を、毎日数頁は読まなければならない。普段は吾々の心は五官の世界の営みに忙《いそ》がわしい、五官の世界の営みに忙《いそ》がわしければ「存在の実相《ほんとのすがた》」は五官では感じられないのでありますから、ともすれば「存在の実相《ほんとのすがた》」を忘れがちになる。「存在の実相《じっそう》」――吾々の「生命」の実相《ほんとのすがた》――が魂の底に忘れられてしまうと、その「重大な忘却《ぼうきゃく》」が現実世界に影をうつして吾々の実生活が不幸なものになって来るのであります。（中略）誌友《しゆう》の中には一冊の『生長の家』誌、一冊の『生命の實相』を二十数回も繰返し読んで、読む度毎《たびごと》に新しき真理を悟るといわれる方もありますが、文章というものは余り度々《たびたび》繰返し読んでいますと、ともすればその印象に馴れて来て読んでも感銘が薄れて来ることがあります。そのために同じ「生命」の実相が説いてあっても、信仰を深め、信念を高めるためにまた別の方面から新しい書き方で説いて欲しいといわれる。『生命の實相』全集が全二十巻（註・戦前の黒布表紙版や戦後の愛蔵版を指す）もあるのはその為であって、熱心な誌友からは機関雑誌も毎月《まいげつ》数回、或《あるい》は毎週一冊ずつ出して欲しいという要求すらあります。が、色々時間の都合もあり、現在は毎月《まいげつ》一回、『生長の家』誌と『生命の實相』の全集を発行しているのです。（第1巻160～165頁）

神秘の内陣へと誘う『生命の實相』

吾々人間はまだまだ知らねばならないことが多いのであります。存在の神秘は深い。人間はまだまだ心の眼《まなこ》を開く必要がある。諸君がこの『生命の實相』をお読み下さったのは、従来物質的にのみとらわれていた人間の心の眼《め》を開く先達《せんだち》として、眼に見えない一層奥の神秘の世界に炬火《きょか》を翳《かざ》して進んで行くべき使命をもっていられるからに相違ないのであります。わが持てる点火器《ライター》は小さくとも、諸君の翳《かざ》していられる大小さまざまの炬火に燈《ひ》を点ずるには役立つだろう。私はこの小さな点火器《ライター》を擦《す》りつつ、神秘の世界の内陣へと人間が近づいて行くお手伝いをさせて頂こうとこの光明の真理を書いているのであります。

（第2巻16〜17頁）

『生命の實相』の毎日読誦法

こちらから進んで積極的に、既《すで》に這入《はい》り込んでいる「病気の観念」を攻撃し、破壊するようにしなければならない。それには、「病気の観念」を積極的に攻撃して、「お前は私の心の底にいる権利があるように主張しているけれども、お前は本当は私の心のうちにもどこにも存在する権利はないのだ。神の造らないところの汝《なんじ》は如何《いか》に実在するかのような仮面を被《かぶ》っていても、本当は実在しないではないか。」という道理を諄　々《じゅんじゅん》と自身の病気に説き聞かせてこれを論破する必要がある。静坐《せいざ》と精神統一と信仰とを結び合わして、「病気の観念《たね》」を論破して本来の無に帰せしめる方法が、生長の家道場で毎日実修せしめている「神想観《しんそうかん》」であります。読書によって自身の「心」に諄々と説いてきかせて「病気の観念《たね》」

を論破して、本来の無に帰せしめる方法が、『生命の實相』の毎日読誦法《とくじゅほう》であります。『生命の實相』を毎日繰返し読んでいるうちに病気が治《なお》ったとの報告があるのは、ちょっと聞くと不思議な奇蹟《きせき》のようでもありますが、吾々《われわれ》の「意識《こころ》」と肉体との関係を充分研究してみるとそれは当然の科学的結果であります。

（第3巻54～55頁）

繰り返し読むべき『生命の實相』

ある病気に対し、健康な状態を神に求めていると、却《かえ》って熱が高くなったり、痛みが増加したり、分泌物が殖《ふ》えたりして、一見病状が急激に悪くなったりすることがあります。これでは「神想観」も効力がなかったのかと思って失望していると、その病状の急変が一転機となって、驟雨《しゅうう》の後《のち》の快晴のような爽快《そうかい》な健康がめきめきと回復して来るのでありま す。クリスチャン・サイエンスの開祖エディ夫人はこの「病状の急変」をケミカライゼーションと名付けて「これは真理の朝日が立ちのぼる前に『無明《まよい》』の自壊作用が起るのであるから、このケミカライゼーションが起ったら、あなたの病気はもう治ったと自分は病人に宣言する」とまでいっています。「神想観」によって生命の実相《ほんとのすがた》を観じたり、『生長の家』誌や『生命の真理』のような生命の真理を判《わか》り易《やす》く書いてある本を読んで、病状が急激に悪変《あくへん》したならばこのケミカライゼーションという「迷いの自壊作用《じかいさよう》」であって、近く全き健康の出現する前兆なのでありますから、自信をもって、やはり神想観《しんそうかん》を続けて下さい。そして毎日せめて一時間ぐらいは『生長の家』誌や『生命の實相』実相篇、光明篇、生命篇、万教帰一《ばんきょうきいつ》篇等を読み、聖経《せいきょう》『甘露《かんろ》の法雨《ほうう》』を祖先の霊前で繰返し誦《よ》んで頂いておれば必ず急速にその病気は回復するのであります。病苦とか衰弱とかで読めない人は、看護に親しむ身に近い人に読んでもらえば、読む人から健康の思想が言葉と共に放射されて病人に達するので回復が早いのであります。『生命の實相』は決して一遍読んで表面の心で解《わか》ったからそれでもう捨ててしまっても好《よ》いという書物でないのであります。幾度《いくたび》も繰返し読むほど潜在意識に深く真理が畳《たた》みこまれて来て、実際の治病力《ちびょうりょく》または運命の改善力となって発現するのであります。大抵の人は病気が急変して来るとびっくりして信仰に動揺を来たして医者に相談してみる。すると医者はその病状の急変が、病気の自壊作用即《すなわ》ちケミカライゼーションだということが判らないから、書物などをこの大病人に読ませてはいけないといって読書を禁じてしまう。かかる医者の注意がどんなに病人にとって致命的なものであるかは医者自身には解《わか》らないのであります。

（第2巻98～100頁）

『生命の實相』は神懸《かんがか》りで書かれたもの

木村――なかなか普通の人間が如何《いか》に修行したとて、この肉眼で見える世界を「無」だとは悟れそうにありませんなア。

谷口――「生長の家」では、言葉の力、文章の力で、ただ聖典『生命の實相』を読むだけでそれが悟れるようになっているのです。

木村――サア、私はまだ『生命の實相』を読んだことがありませんが、果してそんなことが出来ますかな。

谷口――毎月『生長の家』に出ている「誌友《しゆう》雑信」を御覧になりますと、その数《すう》が毎号かなり多く、現在の生長の家の誌友の数《すう》に対して、光明化《こうみょうか》された人数がパーセンテージの上から見て実に高率だということがお判《わか》りになると思います。

石川夫人――(老翁《ろうおう》を紹介せられる)これは私の父でございまして。

小木博士――私は仏教の本も多少研究しましたが、四年前からクリスチャン・サイエンスを研究しまして、わざわざ東京まで出かけて往《い》って、その道の施法者《しほうしゃ》にも親しく会って話を聞いた程であります。エディ夫人の思想はキリスト教でありながら、仏教の真理を実にうまく説いているので、あれは神懸《かんがか》りでないとあんなことは書けないと思って間《ま》さえ暇《ひま》さえあれば、エディ夫人の『サイエンス・エンド・ヘルス』を読んでいました。最近になって、「生長の家」を紹介され、聖典『生命の實相』や『久遠《くおん》の實在《じつざい》』を読みましたが、これを読んで驚きましたことは、いくら文筆の造詣《ぞうけい》のある人でも、あんなに宗教上の真理を縦《じゅう》横無尽《おうむじん》に説いて、倦《う》ませず飽《あ》かせず、どこまでも読者を縛りつけて引摺《ひきず》って行く文章は、これは人間わざでは書けるものではない。エディ夫人の本と等しく、これは必ずや神懸《かんがか》りで書いたものに違いないと信じて、唯今《ただいま》は熱心に読んでいるのです。おかげで近頃では外出してこんな座席に連《つら》なるほどにはなりましたが、まだ迷いが中々深いと見えまして手の痺《しび》れが残っています。脚《あし》も老衰《ろうすい》していますし、視力もまだ衰えているのです。

谷口――幾歳《いくつ》でいらっしゃいますか。

小木博士――もう七十歳になりましたわい。

谷口――私の養父は七十歳にまだ二歳足りないのですが、もう十年も前から眼鏡《めがね》をかけなければ書物が読めなかったのでありましたが、近頃はだんだん私の感化で『生長の家』や『生命の實相』をお読みになるようになりました。私の宅へ来ては座談に立交《たちまじ》ったり本を読むのを楽しみにしていられるのです。或《あ》る日眼鏡《めがね》を持って来たつもりでしたが、本を読もうと思って、眼鏡《めがね》のサックを開いて見ますと、サックばかりで肝腎《かんじん》の眼鏡《めがね》がないのです。「サアしまった、これでは本を読めないから退屈で困るなア」と思いながら、『生長の家叢書《そうしょ》』を開いてその細《こまか》い六号活字を読まれますと、十年前《ぜん》から眼鏡《めがね》なしにはとても見えなかった六号活字が、そのルビ（註・ふりがな）までもハッキリ見えるのです。養父は六十八歳であなたよりは二歳若いけれども、ともかくも『生長の家』や『生命の實相』に親しんでいるうちにそれだけ視力を回復されたのです。

（第9巻143～146頁）

運命を幸福にする『生命の實相』

朝起きた時、眠りに入《い》る前、電車や汽車の中の暇な時間に、またお昼の休憩時間やこれから誰かに面会に行こうとする前に、この『生命の實相』の一頁がどんなに諸君の運命を幸福にするでありましょう。しかし言葉はそれに慣れて来るとき新しく心を打つ力を失うのであります。私はこの意味に於て、『生長の家』を毎日毎日新しく書いて皆さんの座右《ざう》に届けたいのであります。けれども時間の制約の関係もあり現在新しい言葉の力としては、『生長の家』『白鳩』『理想世界』『理想世界ジュニア版』『光の泉』『精神科学』や、英語、スペイン語、ポルトガル語、ドイツ語の〝生長の家〟が出ています。せめていずれか是非《ぜひ》毎日一回は読んで下さい――。これが諸君の運命の石を穿《うが》つ点滴であります。だから是非とも毎日一回は光明思想の本を披《ひら》いて下さい。本書に飽きてきたら右の諸雑誌を読んで下さい。いずれにせよ、繰返し繰返し読んで下さい。やがて諸君の思考が根本的にあらたまる時がきます。それが徐々であろうとも、或《あるい》は急激であろうとも、その時諸君の運命も根本的にあらたまり、病《やまい》は癒《いや》され、境遇は改まり、欲する事物が自由自在に集まる境地になられるに違いないのであります。

本節の最後に是非とも申上《もうしあ》げておかなければならないことは、荏苒長《じんぜんなが》びいていた病人がこの真理をお読みになっているうちに、その慢性的症状が急性的症状に変じてきたり、病状が却《かえ》って増悪《ぞうあく》したような観《かん》を呈することが往々《おうおう》あることです。それは酸に対してアルカリを投入すれば一時沸騰《ふっとう》現象を起して激しい動揺をあらわすけれども、やがてその沸騰現象は止《や》んで酸が中和されてしまうのと同じで、病人の心の内にわだかまっていた迷いが、真理の言葉を投入されるので沸騰現象を起すのですから、その時期が通過すれば、迷いは完全に真理によって中和され、ここに根本的にスガスガしい心的状態に達し、従って肉体の方も、めきめき健康が回復してくるのでありますから、この精神的化学反応の起った際に、迷わず恐れず、いよいよ多年の宿痾《しゅくあ》の治《なお》るべき前提《さきぶれ》が来たということを自覚して『生命の實相』の読誦《とくじゅ》を自身がお続けになるか、自身で読む気力がなければ、看護者に読んでお貰《もら》いになれば、完全に病気を征服し得る時期に達せられるのであります。尚、病人に読んで聞かせれば、普通は病人の心が真の平和に達して眠ってしまうものでありますが、そういう場合には『生命の實相』を読むことを中止せず、病人が眠ってからも一時間ぐらいも読んで聞かせてあげると、人間には眠っていても眠らない心があるので、この眠らない心こそ、眠っている間にもその人の呼吸や血液循環や、その他すべての生理作用を司《つかさど》っている心でありますから、この心が真理を知ることになり、覚醒中に読むに優《ま》して効果をあげることができます。尚《なお》幼児は読んで聴かせても意味を解しないで駄目だろうと思われるかもしれませんが、解《わか》って読む人の念波が感応するのですから、幼児に読み聴《き》かせても驚くような効果を顕《あらわ》します。

（第1巻43～46頁）

生長の本道《ほんみち》に乗った生活

吾々《われわれ》は、自分の言葉の使い方一つで、心の持ちよう一つで、表情一つで、今まで暗く不幸であった日常生活が明るくもなれば、幸福にもなり、今まで病弱であった身体《からだ》が健康にもなれば、常人《じょうじん》以上の精力を発揮することが出来るようにもなり、衰えていた運命の開拓も徐々に意のままになって来るのであります。（ここに徐々にと申しますのは時間を超越せる心の世界ではコトバと同時に一切が成就《じょうじゅ》しますが、現象の世界における事物の成就は植物の種子《たね》の発芽や生長と同じように時間という要素が要《い》るからであります。）こうして吾々《われわれ》が心の持ち方と言葉と表情とで吾々の生活を正しく「生長の本道《ほんみち》」に乗せるとき、人生苦が一つ一つ解決して行って苦痛がなくなるという事実等を考えますときには、あらゆる人間の「生命」の生長に必ずしも苦痛が必要なのではないことがわかるのであります。吾々に与えられている人生苦には何か吾々の生活にどこかに当り前でないところ、即《すなわ》ち生長の本道《ほんみち》に乗っていないところがある――その当り前でないところを気づかせて下さるために現わされているものであるということがあるのであります。（但《ただ》し或《あ》る「生命」が急速度に進化を遂げるために特に病弱な肉体に宿って来た場合は別でこれはまた別に説明します。）これを肉体に譬《たと》えてみますと、身体《からだ》のどこかが痛いのはその痛みのある所に何か当り前でないところがある。それを気づかずに放《ほう》っておいては危い、そこで早く手当をするように生命から痛みというもので警告せられているようなものであります。そこで吾々が身体《からだ》の傷口や病所に手当をすればやがて痛みがなくなりますのと同じように、病気や貧乏や煩悶《はんもん》のある人もその生活の「生長の本道《ほんみち》」に外れている所を直しますと、忽然《こつねん》または徐々に、その人の病気や不運や煩悶がなくなってしまうのであります。だから人類から人生苦をなくするにはどうしても広く人類に「生長の本道《ほんみち》」に乗った生活を知らさねばならない。これを広く知らすことは何よりも刻下《こっか》の急務である。そこで吾々は善《よ》き言葉の雑誌『生長の家』を現在も連続発行させて頂いているわけであります。最初の『生命の實相』は同誌に約五年に亙《わた》って連載されたものを系統立て、秩序立てて一冊で大体「生長の本道《ほんみち》」に乗った生き方」即ち苦しみという警告を与えられないでいながら「生命」の伸び伸びと生長できる生き方を知り得《う》るように編纂《へんさん》したものでありました。で、本書に載っている生活法や言葉の力の威力は既《すで》に実証済みであります。実際本書に載っている記事は雑誌『生長の家』に載っている当時、ただ読んで下さるだけで神経衰弱の治《なお》った人や、暗い性格が明るくなった人や、引込《ひっこ》み思案《じあん》であった人が前途に光をみとめて大活動家となった例が頻々《ひんぴん》と報告されて来《き》、中には肺病が治り、胃癌までも治った人が出て来ていますので、この雑誌を書いたのは谷口のような貧しき知恵者ではない、一層高き存在から書かせられておるのだと皆々感じていまさら驚き「雑誌」と称せず、誰いうとなく「神誌《しんし》」と称するに至ったわけであります。

（第1巻34〜37頁）

宇宙の大生命《おやさま》と個々の生命《たましい》

吾々《われわれ》の生命《たましい》が生きとおしであるという意味には二つあります。吾々の生命《たましい》は宇宙の大生命《おやさま》の支流であって、宇宙の大生命《おやさま》に生かされている。さらにもっと適切にいいますれば、宇宙の大生命《おやさま》の流れと一緒になって流れているのであります。それだからその一つの支流《わかれ》であるところの自分の水(生命《たましい》)が涸《か》れようとも、その水は大生命《おやさま》の大きな流れに注がれて大生命《おやさま》と一緒にいつまでも滔々《とうとう》と流れているという観方《みかた》がその一つであります。

今までの宗教家の説明はこの観方を採用していたものでありまして、多くは死んだのちにおけるひとりひとりの特性ある霊魂の不死をみとめないで、全体と一緒になって流れている大生命《おやさま》に帰る意味の不死のみを説いています。そしてその方《ほう》がいかにも大乗の観方《みかた》らしく、深い哲人的観察らしく聞《きこ》えまして皆さまからも歓迎されたのであります。この観方《みかた》にも無論真理はないではありません。「生長の家」に於《お》きましても死後ばかりでなく、現在肉体の生きているうちの吾々の生命《たましい》も宇宙の大生命《おやさま》と一緒に流れているのであるから、この大事実を心の底からさとらせて頂くことによって吾々個々の生命《たましい》は一層深い生活ができ、安心と自信とをもってその日その日を明るく豊かに経済的にも肉体的にも生き切ることができると信じているのであります。

しかし吾々個々《ひとりひとり》の生命《たましい》が、ただ流るる河の水の上に浮べる波紋のようなものであって、河の上に浮んだ一つの波紋が消えたあとには、ほかの波がまた新しく起るだけで、消えた波紋はもう全然あとかたもなくなると同じように肉体の死は個性《こせい》として今までありし一切のすがたを消してしまって何一つ残らないようになるのであるとしますならば、何のために吾々は個性としてこの世に苦しんできたのか、吾々が切実に個性《ひとりひとり》として経験し、切実に個性《ひとりひとり》として苦楚《くるしみ》を嘗《な》め、切実に個性《ひとりひとり》として生長を闘いとってきたところの、その切実な個性感《こせいかん》がただの幻影《まぼろし》であってウソであったということになるのでありまして、どうもそれは各々個性《おのおのひとりひとり》として特徴をもっているところの吾々生命《たましい》の必然の要求として不合理であることが直感されるのであります。ところがこの吾々の生命《たましい》の必然の要求として認めねばならない肉体消滅後の個性生命《たましい》の不滅ということが最近次第に科学的に肯定されつつある「霊界通信《スピリット・コミュニケーション》」によって明かになってきたのは喜ばしいことであります。『生命の實相』の「霊界と死後の生活篇」に採録してある二つの霊界通信は小説や作り物語ではないのでありまして、最近フランス美術家及びデンマーク戯曲家に起った「霊界通信」並びに本部の心霊実験を死後の霊魂実在の実証として掲げたものでありますから、是非《ぜひ》目を通されたいのであります。『生命の實相』全巻には各冊互いに連絡あり、生命《せいめい》生き通しの真理を各方面から詳論してあるのでありますから、なるべくその全部を熟読されたいのであります。

（第1巻10～13頁）

霊界に届く『生命の實相』

現象世界といいますと、此《こ》の眼に見えている現実世界だけを指《さ》すのかと思ったら大変見当違いであります。幽界《ゆうかい》、霊界《れいかい》も現象世界でありまして、吾々《われわれ》が実相生命のありのまま――神からつづいている本当の相《すがた》における自己の生命のありのままを自覚すると否《いな》とによって、幽界、霊界に於《お》ける吾々の生命の自由さが変って来るのであります。霊魂の向上とは何をいいますかといいますと、実相生命の自由自在完全円満さを如何《いか》なる程度に発揮するかということによってきまるのであります。幽界、霊界においても、苦しんでいる霊魂や、病気をあらわしている霊魂や、完全な自由を得ていない霊魂はたくさんあるのであります。幽界、霊界は現世《げんせ》におけるよりも、念のフィルムが現像される速力が早いのでありますから、吾々が正しい念を有《も》つか迷いの念を有《も》つかによって、一瞬のうちに、その状態が客観化《かたちにか》されてあらわれて来るのでありますから、生前死後を通じて吾々は自己の生命を神との正しい関係に於《お》いて自覚することが是非《ぜひ》とも必要なのであります。それで、生長の家の聖典『生命の實相』は生きている人だけが読む本、病気が治《なお》るためばかりに読む本、現世における運命を好転さすためばかりに読む本だと思っていると間違いなのであります。これは死んで行く人にはより一層必要な本である、死ぬといいますけれども人間は死ぬのではない――循環輪廻《じゅんかんりんね》して幽界、霊界に姿をあらわす――いいかえると吾々は幽界、霊界に転任し誕生するのでありますから、その新世界に誕生するにはその新生の最初から、神と正しき関係に於て自己の生命の実相を自覚して幽界、霊界に誕生することにすれば、その人は幽界、霊界に於て永遠の自由を得《う》るということになるのであります。だから人の臨終にのぞんで静かに念送治療し、聖典『生命の實相』を読んで聞かせることは非常な功徳《くどく》となるのであります。そうすると、現世に存続する期間に属している人なら必ず健康を回復せられますし、既《すで》に霊界に席をうつす時期のきていられる人ならば、その人の霊界に於ける生活状態が改善されて来るのであります。仏教ではこれを引導《いんどう》を渡すという、霊界移行の瞬間に生命の実相が神であって自由自在なものであるという悟りに引き導く、これが引導であります。このように自己の生命の実相を悟るということは、生前臨終死後を通じて必要なのであります。霊界へ行ってしまった人ならば、こちらから聖典『生命の實相』

を読んできかせてあげても、もう手遅れで達《とど》かないだろうと思う人があるかも知れませんが、そうではない。こちらから、その人の霊代《みたましろ》として祭ってある位牌《いはい》なり、墓なり、御《お》厨子《ずし》などに向って、その人に「今聖典『生命の實相』を読んで聞かせてあげるから真理をさとれ」という念をハッキリ起して、さて読んであげることにすると必ず達《とど》くのでありま す。吾々《われわれ》が毎朝祖先の霊にお供《そな》えする御飯でも「どうぞ御先祖さんお喫《あが》り下さい」という念を本当に起してお供えするようにすると、その御飯が霊界に達《とど》く。変なことをいうようでありますが、実際達《とど》くのであります。（第5巻159〜162頁）

『生命の實相』は音読でも黙読でも読むべきである

聖典を読むということは、覚えてしまったらもう読まなくとも好《よ》いというふうなものではないのです。これは仏教のお経でも、神道《しんとう》の祝詞《のりと》でもキリスト教の讃美歌でも、此《こ》の『生命の實相』でも同じことです。お経でも祝詞《のりと》でも讃美歌でも、言葉に出して唱《とな》えるところに、そこに言葉の力で、自分の心の中と、この大宇宙の中に善《よ》き精神的リズムを生出《うみだ》す──それが肝腎《かんじん》なのであります。「言葉」に出すと申しましても、必ずしも「音読」しなければならぬというわけではなく、黙読もまた言葉です。ともかく、読んでいるその時に起る心のリズム「精神波動」が大切でありまして、真理を読めば真理の精神リズムが発生し、それに従って迷える霊魂に悟りを開かせ、神及び高き霊魂を招き寄せ、病的念霊《びょうてきねんれい》を退散せしめて、病気が治《なお》ることになるのであります。だから、もう原理を知ったなら、記憶したなら、読まなくとも好いというわけのものではありません。（第6巻164～165頁）

『生命の實相』をただ読め、ひたすら読め

どうしたらその宗教的救いが得られるかと申しますと、真宗では「南無阿弥陀仏《なむあみだぶつ》」と称《とな》えれば好いわけで頗《すこぶ》る簡単でありますが、「南無阿弥陀仏」のこころがわからないで称《とな》えてもやはり、本来の救われた相《すがた》があらわれないで、片手に「南無阿弥陀仏」と称《とな》えながら片手で嫁いじめをしている姑《しゅうとめ》さんもないことはない。これは「南無阿弥陀仏」のこころが解《わか》らないからであります。「生長の家」では『生命の實相』をただ読むだけで「南無阿弥陀仏」の心を解《わか》らせる、いいかえれば阿弥陀仏に帰命《きみょう》し、阿弥陀仏と同体になっているところの自分の生命の正体をわからせるのです。すると突然、虚仮《こけ》の自分——罪深い自分——本来無い自分というものが消えてしまって、「本来救われている自分」というものが現れて来るのであります。だから「生長の家」では頗《すこぶ》る簡単に救いがあらわれる、それ

は聖典『生命の實相』をただ読め、ひたすら読めということであります。

一例を挙《あ》げますと、私が東京へ移転しまして九月の二十三日に本所《ほんじょ》の清澄《きよすみ》庭園で、東京の『生長の家』誌友《しゆう》達が集って私のために講演会を開いてくれられた。その時の私の講演を聴いておられた方に、海軍主計大佐であった野村義隆氏といわれる方がありました。その後一週間ほどして「生長の家」の道場へ来て喜ばれるのには、自分は『生命の實相』を読んだ結果たちまちの間に争う心、怒る心、憎む心の三心が自然に無くなったといって、喩《たと》えようのない歓びを表白されたのであります。

（第20巻229〜230頁）

何度でも『生命の實相』を繰り返し読め

谷口——ともかく、奥さんはまだ一回半しか（『生命の實相』を）お読みにならないようでは、本当に潜在意識の中に埋蔵《まいぞう》されている病的観念が『生命の實相』を読む時の光明《こうみょう》念波によって中和されたというわけに行っていません。もっと充分繰返し繰返《くりかえ》しお読みになるようお勧めします。繰返し読んでいられると、一度読んだ時に気がつかないで素通りせられたところに、意外に深い真理が宿っていて啓発させられることがあるものです。健康もズンズン増進して参ります。中畑さんなどは、まだ『生命の實相』がまとまって出ない時代に、毎月の『生長の家』を二年分位風呂敷に包んでどこへ行くのでも持って歩かれて、電車の中でも汽車の中でも暇《ひま》があると読むようにせられた。そして読む毎《ごと》に欄外に感想や註釈《ちゅうしゃく》を書いて、必要な所に傍線《ぼうせん》を引いて行かれる。誰でも最初見のがして重要でないと思って傍線を引かなかったところが次に読むと重要で線を引く、線で全文が埋《うず》まってしまう。欄外に書いた感想や批評もだんだん進歩して往《い》って、前にはここは反対だといって駁論《ばくろん》めいた批評を書いたところが、次には賛成論に変っていて、自分の進境が自分にわかってそれは楽しみなものです。塚田さんなど、毎月の『生長の家』を合本製本する際、その欄外に書いた御自分の感想文を截断《せつだん》してしまっては困るといって特に注意された程でありますす。それで塚田さんなどはもう『生命の實相』を三十回以上は読んでいられるであります。杉野さんも、外出の時は必ず『生命の實相』を革袋《ハンドバッグ》の中へ入れて携帯して電車の中でお読みになると却《かえ》ってクタクタに疲れていた疲れが治《なお》るということです。物理的生理的に考えると疲れた目で乗物に揺《ゆ》られながら細字《さいじ》を読むのですから一層疲れるのが当り前ですのにその反対の結果を来《きた》すのですから、これは真理の力が普通の因果を超越さすといえるでしょう。

（第30巻30～32頁）

『生命の實相』の功徳

『生命の實相』読誦《とくじゅ》の功徳《くどく》はただに病気治癒《ちゆ》ばかりではないらしい。講演旅行中各地の誌《し》友《ゆう》に外傷的災害が起るべくして起らずに済んだ実例が実に夥《おびただ》しいのに感心した。盛岡では誌友細川氏令息が自動車で疾走中汽車と衝突して自動車もろともハネ飛ばされ、運転手は惨死《ざんし》したが細川氏子息は微傷《びしょう》だも負わなかった。東京では誌友谷水正己氏が東京市郊外を時速二十五マイルで自動車疾走中、突然横合《よこあい》から飛び出して来た四歳位の小児を撥《は》ね飛ばしたが、小児を抱き起して見ると身に微傷だも負《お》っていなかった。又五十嵐千年《いがらしちとせ》氏は自転車で通行中自動車に追突されてタイヤがパンクしたがこれ又微傷も負わなかった。七尾では七尾セメント工場長が自動車で疾走中汽車と衝突し、運転手は即死したが、工場長は無事であった。同氏は生長の家誌友でないのにこの奇蹟《きせき》があったのは不思議だと抗弁《こうべん》する人があったが、「イヤ誌友です」と駁論《ばくろん》する人があり、調べてみると聖典『生命の實相』の購読者であることが判明したのである。また七尾町の生長の家誌友木下氏の子息は二階よりコンクリートの土間に墜落《ついらく》したが身に微傷《びしょう》もなく、神様の御手《みて》で受け支えられたとしか考えられないとは七尾町民一般の評判であった。近頃また東京にて数人自動車に触れても傷付かなかった。真理に触れ正しく神に結び付くものは、生命が本当の自由を得て如何なる災難も道を開いて避け得られるのではなかろうか。

（第7巻Ⅸ～Ⅹ）

『生命の實相』を読めば信念が変わる

信念を変えれば、肉体が変わる、信念で「善《よ》い」と信ずれば、物理的には害のあるような行為も却って健康に好い結果になるのであります。それでは吾々《われわれ》は、「こうしたらば健康に悪い」とか「好《よ》い」とかいう判断を物理的にはしないようにし、心の力によって、一切を「健康に善い」と信じ、信念の力によって実際そうならせようではありませんか。何の術を施《ほどこ》してもらうのでもなし、ただ『生命の實相』や『生長の家』誌を読むだけで肉体の健康状態が一変し不治《ふち》の病《やまい》も全快する実証が続々あらわれる所以《ゆえん》も、真理を書いた本を読めば皆様の信念が変るからであります。恐らく本書のこの一節を一度お読みになっただけでも皆さんの信念は大いに変《かわ》られたであろうと思います。病気の読者は出来るならば本書を三度でも五度でも、信念が心の底から大いに変化して来るまで繰返しお読みになれば、今までの「病的信念の影」であるところの肉体の病的状態は一変して健康状態に化するのであります。

（第3巻123～124頁）

真理の光が自分の心を照らす

毎日一時間ずつ「真理の光」で自分の心を照らす――それにはどうしたら好《よ》いかというと『生命の實相』のように生命の真理を書いた本を読むのが一等好いのであります。吾々《われわれ》の「生命」とは「神の子」であります。神の分身《わけみ》、分魂《わけみたま》が吾々の「生命」であります。だから決して吾々は病気になれない本性《ほんせい》をもっているのです。この吾々の尊い無限力の神の子としての本性《ほんせい》を知ることが真理を知るのであって、真理を知れば知っただけの力が出るし、知らなければ知らないだけの力しか出ないのであります。仮に吾々が百万円の金を財布に入れて持って歩いていましても、十円しかこの財布にはないと信じている限りは、十円以上のものを買う力は湧《わ》いて来ないでありましょう。この財布に二十円あると知ったときに吾々ははじめて二十円のものを買う力が湧いて来る。三十円あると知ったら三十円のものを自由にする力が湧いて来る。百万円あると知ったら百万円のものを買って自由にする力が湧いて来る。それと同じことで吾々の生命は黴菌《ばいきん》に負ける力しかないのだと思っている限りは黴菌に負けるだけの力しか出て来ないのであります。肺病になると思えば、肺病になるほどの力しか出ないし、胃病になると思えば胃病になるほどの力しか出ないし、腎臓病になると思えば又それだけの力しか出て来ないし、糖尿病になると思えば又それだけの力しか出て来ないのであります。

（第4巻30～32頁）

『生命の實相』の真理はすべての問題を解決する

聖典『生命の實相』に示されてある真理を体得し、これを信じ、生き、動くとき、医薬不治《ふち》の病《やまい》が解決するばかりではなく、経済の問題でも、社会の問題でも、家庭の問題でも、すべての問題が解決するのであります。何故《なぜ》ならこの聖典に示されている神の智慧《ちえ》は無限であり、神の子なる吾らの実相のうちには一切が備わっているからであります。

「人間の本質が神の子であり、自己のうちに智慧でも、愛でも、生命でも、供給でも、一切が無尽蔵に内在する」という真理を信ずることが出来ない者は、これらの完全なる供給の神流《かみなが》れを受容《うけい》れることが出来ないのであります。即《すなわ》ち神の智慧、供給が乏しいために吾々は事毎《ことごと》に失敗し、愛の供給が乏しきが故《ゆえ》に、家庭の愛情や知友《ちゆう》の交りが疎遠《そえん》となり、生命の供給が乏しきが故に色々の病気が形をあらわし、もの皆の供給乏しきが故に一切が豊富に集まらないのであります。

自己の内に埋蔵《まいぞう》されたる無限無尽の供給を知らないものは、自己に対して罪(包)《つつみ》を犯すものであります。他《ひと》に対して内に埋蔵《まいぞう》されたる無限無尽の供給を知らしめない者は、他《ひと》に対して罪(包《つつみ》)を犯すものであります。およそ布施《ふせ》のうちで何が最も大きな布施《ほどこし》であるかと言いますと、彼自身の内に埋蔵されたる無尽の宝庫に目覚めさせてあげるほど、偉大なる布施《ほどこし》はないのであります。外から金銭財宝などを施《ほどこ》してあげる布施《ふせ》は、使い尽したらやがて「無くなる」ものを施《ほどこ》すのでありますが、内在無尽の宝庫を目覚めさせてあげれば、もうそれは無くなることがない、使い尽しようがないのであります。

諸君は有限な人間の内に「内在無尽の宝庫」などがあるはずがないと思われますか。人間を有限だと見るものは、それは神の子であるところの実相人間をみないで、仮現《かりのあらわれ》であるところの肉体人間を見ているからです。

(第14巻72〜74頁)

『生命の實相』を読んで病気が治る理由①

あらゆる医術、あらゆる健康法にたよってみたが、それではどうすることも出来ない、病気は益々悪くなるというようなときになって、看護人や病人は「叶《かな》わぬときの神だのみ」というわけで、物質的治療を捨《す》てて、大生命の癒《なおすちから》力に頼ってくる人もあります。迷いにとらわれた人間ほど厄介《やっかい》なものはないのでして、先ずあらゆる物質的な治療法をことごとくやってみたのちでないと、「大生命」の方へ心が向いて来ないのであります。だから、そうした人間の心の天秤《てんびん》の中では、「生命」というものと「物質」というものとが常に釣《つり》合《あい》がとれていないで、「物質」ばかりに心の中を占領され、大自在の生命の自覚がないから病気になるのが当り前であります、しかしそういう人でも『生命の實相』を読み、自己生命の本然《ほんねん》の自由さを自覚せられるようになると、おのずから病気が実際に回復して来るのであります。

吾々《われわれ》は二つの主《しゅ》に仕《つか》えることは出来ない。「生命」を信じて、物質を奴隷《どれい》にするか、「物質」を信じて「生命」をそれの奴隷とするかのほかはない。薬物や衛生の奴隷になっているものは、生命の力を益々萎縮させてしまうのであります。薬を用いると、一時は薬に対する信仰から病気がよくなっても、結局は吾々は大損害をする。即《すなわ》ち自己の霊的生命の自存力《じぶんでたつちから》を益々弱くし、吾々の修養の根本目的たるものからいよいよ遠ざかってしまうことになるのであります。これは実に惜《お》しみてもなお余りあることであります。

（第2巻32〜33頁）

『生命の實相』を読んで病気が治る理由②

どんな経典を読んでも「生命の実相」がわからなければ、蓄音器《ちくおんき》にお経が吹きこんであるのと同じで大した効能はないのであります。現代人に「生命の実相」を解《わか》らす為には、もっと現代的に解りやすく説かねばなりません。「生長の家」はここに使命があるのであります。或《あ》る人は「生長の家」をもって、あらゆる宗教を現代化し実生活化したと評されましたし、また或る人は、一切宗教の尖端《せんたん》を行くものは「生長の家」であるとも評されました。これらの批評は読む人その各々《おのおの》の見方にまかせておくとして、月々出ている『生長の家』誌及び『生命の實相』を読むだけで病気の治《なお》る人がある事実は何を意味していましょうか。これはこれらの刊行物には現代人にわかりやすい言葉で「生命の実相」が説いてあるからであります。釈迦《しゃか》が説いた真理、キリストが説いた真理、『古事記』や『祝詞《のりと》』にかいてある真理を実に平易にわかりやすく説いてある。それも単に学究的に説いてあるだけでなく、一つ一つ日常生活に応用が出来、これによって真理を生活に織り込み、心に光明を保ち、生活に幸福を実現し、肉体を健康化して、私のように生れつき虚弱な肉体であったもので、普通人の二倍以上の仕事をして平然としている事が出来る方法が説いてあるのであります。私が思いますのに月刊《つぎづき》の『生長の家』を本当に心読して下されば、ほとんどどんな病気でも治ります。諸君の知人には何か慢性病で苦しんでいる人はありませんか。そんな人たちに月刊《つぎづき》の『生長の家』誌や『生命の實相』の本を読むように勧めてあげて下さい。はじめは「本を読むくらいで病気が治れば世の中に医者にかかるものはあるまい」とその人はいわれるかも知れません。しかし、そういう人にこそ強《し》いても読ませてあげて下されば、後《のち》になってきっとその人の病気が治って喜ばれるのであります。

これ等《ら》の刊行物は初めから終りまで唯《ただ》一つの目的――「真理」即《すなわ》ち「生命の実相」を説き明して、これを皆さんが覚《さと》って下さる事によって肉体的にも境遇上にも健康になれるように苦心して編輯《へんしゅう》してあるのです。ひとりびとりに治療法を施《ほどこ》しているのでは、なかなか私の身体《からだ》が何百あっても世界の一切の病人を救うには足りないのであります。それで私は真理を書いて読んでもらって、自然に読む人の病気が治るということを始めたので、本書もまた、その目的のために編纂《へんさん》されたのであります。

（第2巻48～50頁）

『生命の實相』を読めば、不治症も難治症も治る

何ものにも支配されない、如何《いか》なる外物《がいぶつ》にも奴隷とならない、まったくの自由自在なの

が神の子たる人間の本領である。その神の子たる人間が不如意《ふにょい》に泣き、罪に嘆《なげ》き、病気に苦しむということは決して有り得《う》べからざることである。されど人間は久しく不如意と、罪と、病気との夢を見ていた。神は人間を創造《つく》って喩《たと》えば金殿玉楼《きんでんぎょくろう》に絹布《けんぷ》ぐるみで安楽に眠らせた。それにもかかわらず、人間は乞食《こじき》となって苦労していた夢を見ていた。そこでその夢を破らせて、本当の人間の実相――を知らしむべく、「罪はない、病気はない、死はない、不如意はない、すべて人間を縛るものは無い！　お前は本来神の子である、如来である。」という神からの救いの声が天上から降り濺《そそ》いで来た。私はその神の声を聞いた。聞いたままに私は神の言葉をペンで書いた。これが毎号の神誌『生長の家』に書かれている言葉である。この声を受けて信ずるものは「生長の家」の家族として、その日から神の子としての「生命」本来の自由自在な境涯を奪回することが出来るのである。毎号の『生長の家』や聖典『生命の實相』を読んで多数の医学上の不治症難治症が治《なお》っている所以《ゆえん》はここにあって、浅学非才《せんがくひさい》の私の筆の力ではないのである。

（第21巻Ⅻ～XIII）

『生命の實相』を素直に読めば病気は治る

谷口――『生命の實相』を読んでも心が真《しん》にそれに共鳴《きょうめい》せず、実相を悟ることが出来ない人は治らないのです。真理は種であるから、それを植えても生《は》えない不毛の地や石地《いしじ》に播《ま》いては生えないけれども、それは真理という種が悪いのではない。十本の同じ種を植えて、半分も生えれば、その種は生える力がある、生えないのは土地が悪いのだと断定しても好《よ》いでしょう。人間は心的存在ですから、酸素に水素を交えたら必ず水が出来るというふうに、人間に『生命の實相』を混《ま》ぜたら必ず病気が治るというように一定の結果を生ずるというわけには行かない。『生命の實相』を話せば話すほど、素直に受けないで、議論で出来るだけ反撥《はんぱつ》して来られるあなたのような人もある。だから『生命の實相』を受ける心の相異に従って色々の結果を生ずるのです。しかし、それを読んだ大多数の人々が病気から救われている事実を否定することは出来ません。

（第27巻92〜93頁）

病気でありながら病気でない自分を悟る

小豆島を郷里とする青年に森川政輝という方があります。結核で寝ていられたのでありますが、生長の家の聖典『生命の實相』を読んでいられるうちに、一日忽然《いちじつこつねん》として肉体は病気でありながら今現に病気でないところの「本当の自分」を悟られたのであります。肉体が健康であって、それでいて今現に健康な自分を悟るというのは誰でも出来ることでありますが、また却《かえ》って迷い易いのであります。これは倶胝《ぐてい》和尚《おしょう》が悟りを示すのに、いつも一本の親指を立てて求道者《ぐどうしゃ》に示す状《さま》を見習った小僧が、倶胝の真似をして、親指を一本空に向けて立ててみせたのと同じであります。倶胝和尚は怒ってその小僧の指を切ってしまった。倶胝が指を立てたのは、肉体があってはじめて立つところの指を示すためではない、指を切られても切られなくとも、肉体があっても、なくとも、自立するところの生命を示すためだったのであります。小僧は指を切断されて、さてその上で「貴様の指を立ててみよ」といわれて、はじめてそれと悟ったのであります。この話は聖典の「生命篇」（註・新編『生命の實相』5～7巻）にくわしく書いてありますが、肉体が健康であって、「健康な自己」を自覚せよといえば、「肉体の自分」のことだと思い勝《がち》でありますが、肉体が病気であってそのままで「健康な自己」を自覚せよといいますと、その「健康な自分」というものはどこにあるのかちょっと判りにくい。しかしこの森川政輝さんは病気の最中にいて、この「病気でない自分――健康な自分――本当の自分――神の子なる自分」を悟られたのでありますから偉いのであります。

（第10巻80～81頁）

脳溢血で絶対安静の医者が治る

新谷康次郎《しんたにこうじろう》さんが鍋《なべ》さんの半身不随を治《なお》されたと同じ話が、大阪のお医者さん、舟橋作《ふなはしさく》二《じ》氏にもあるのであります。舟橋作二先生が「生長の家」の存在を知られたそもそもの初めというのが、友人某医師が脳溢血《のういっけつ》で倒れて半身不随《ふずい》になっていたのを見舞いに往《い》かれたところが、その友人医師の枕元にある机の上に聖典『生命の實相』が載っていたのであります。黒革表紙の金箔燦然《きんぱくさんぜん》たる書物である。「それは何の本かしら、立派な本だ、聖書かなア」と思って手にとって見られた。というのは、舟橋医師は久しい前から敬虔《けいけん》なキリスト教信者だったからであります。一、二頁読むともなしに読んで行くと、その内容にグーッと引附《ひきつ》けられてしまったのであります。「この本は君どうして手に入れた。」「誰かが病気見舞に置いていった。」「私も一冊ほしい」というので、舟橋先生は生長の家出版部へ聖典『生命の實相』を註文せられお求めになって読んでみると、舟橋先生が三十年間臨床実験の上で体得せられた真理をピッタリ裏書きすることが書いてあるのであります。「これだ、これだ！　これこそ治療の宝典《ほうてん》である！」というわけで、その病気の友人医師のところへ出掛けていって、「君、もう薬は止《よ》したまえ。お互いに医者であるから、君のような病気には薬が効《き》かぬということは先刻知っているはずだ。その効《き》かぬ効《き》かぬと知っている薬に頼っているのは、不安定なものに頼っていることになるから、心が常に不安で一層治りが遅いのだ。もっと確実なものに頼り給《たま》え。その確実なものとは『生命の実相』だ、自分自身の生かす力だ。君、薬はどうも使わぬのが一番効くぜ。この本にもそう書いてあるぜ」と『生命の實相』を指差《ゆびさ》して、到頭《とうとう》その病友に服薬を止《や》めさせてしまったのであります。それから舟橋先生はその病友にいうのに「阪大の和田博士は脳溢血《のういっけつ》と診断したかも知れないが、僕の診断では君の病気は脳溢血ではない。後頭部のリンパの結滞《けったい》だ。そのリンパの結滞を治《なお》したら半身不随《ふずい》も治ってしまうのだ」と、しばらくその病友の首筋を、大橋式のリンパ療法式に軽く指先で揉んで、「さあ、もう歩けるから歩いてみ給え。歩けないのは、自分の心で歩けないと思うからだ。そんな観念を固定さしたら、いつまでも半身不随でおらねばならぬ。さあ歩き給え。歩こうと思ったら歩けるのだ。そーら動けた。その一息だ。さあ左の足だ。もうひと踏張《ふんば》り、さあ歩ける。さあ歩けた！　歩けた！」到頭こんなふうにいって、舟橋先生は大阪医大神経科の和田医学博士が脳溢血だと診断して絶対安静を命じていた病友をなおしてしまったのであります。

（第9巻17～19頁）

子供の喘息が治る

私は立仙《りっせん》夫人から喘息《ぜんそく》の子供を治してもらいたいから「生長の家」本部へ修行に行きたいという御手紙を頂いたきり、いつまで経っても来られないので不思議に思っていましたが、来ようと思っている間に、その難治《なんち》の喘息がそんなにも速《すみ》やかに治ってしまっていられたのでありますし、御主人の病気も治って、健康となり、仕事は益々多忙となり、喘息が治ったから子供を学校へやらねばならぬなどというような、色々の事情が生じて本部へ来られなかったのでありました。

立仙さんがまだ来られない間に、東京では生長の家誌友《しゆう》で熱心な生命の芸術社の佐藤彬《あきら》氏や彫刻家の伊東種《たね》氏が立仙さんを訪問せられまして按手神想観《あんしゅしんそうかん》してから、「病気は無い、無い。もう治っているんだがなァ」などと強い言葉を話してお帰りになったそうであります。一方で立仙御夫婦が『生命の實相』をお読みになる、そうしているうちにお子さんの喘息の発作回数が段々減って行って、今迄《いままで》は発作《ほっさ》の無い日が数えるほどしかなかったのに、逆にこんどは発作のない日がつづいて、時々発作のある日が数えられるという程に減って来たのであります。堀静《しずか》さんも時々見舞って下さって立仙主人に「これはあなたの病気ですよ、あなたの心が治ると同時に治ってしまう」と旺《さか》んに被仰《おっしゃ》ったそうであります。東京の生長の家誌友の親密な繋《つな》がりはまことに涙ぐましいものがあります。ところが立仙御夫婦が聖典『生命の實相』を読んで心が一転してしまうと共にさしも六年間もつづいた子供の喘息の発作が完全になくなったのであります。

（第8巻45～46頁）

子供の内翻足がよくなる

私がまだ住吉にいた頃でありましたが、お子さんをつれて北陸からわざわざ出て来られたのであります。というのはそのお子さんはまだ六歳位の小さい男のお子さんでありますが、内翻足《ないほんそく》が激しいので、歩くとこう足が互《たがい》に縺《もつ》れて衝突して、よく歩けないのであります。「医者にかけてもよくならないので、治《なお》してもらいたいと思って来ましたが、一体何日位滞在したら治りましょうか」とそのお母さんは訊《き》かれるのであります。それで私が、「何日も滞在しなくてもよろしい。ここに『生命の實相』という本がある。これを持って帰ってお読みになればよいのです。今夜といわず、すぐお帰りなさい、そしてこの本をよくお読みになればそれで訳がわかる」といったのであります。母親はあまりに思いがけない私の挨拶にすっかり失望して、本を持ってすごすごと帰って行かれたのでありましたが、帰ってからつくづく考えられた。「生長の家の谷口先生が何日間も滞在せいでもよいといわれたのは、もう治らないということである」こう思うと、愛する自分の子供の前途を案じて二日二晩一睡もせずに悩みつづけられたそうであります。その中《うち》に、しかし谷口先生は『生命の實相』を読めといわれたのであるから、『生命の實相』を読んだら何か手掛りになるかも知れぬと思って、『生命の實相』を読んでみようかという気が起ったのであります。読んでみると、自分の胸にひしひしと打って来るものがある、まるで自分の事が書いてあるという気がするのであります。そして自分の心の持ち方が悪かったと気がつかれたのであります。誰でも『生命の實相』を読むと、自分のことが書いてあるような気がするといわれるのでありますが、この方も成る程《なほど》そうだったと自分の間違っていたことが、ひしひしと解《わか》って来られたのであります。この方は後妻に来られた方で、継子《ままこ》が、(つまり先妻の女のお子さん)が二人いられる。そして御自分の実子は男のお子さん一人なのでありますが、その方が内翻足なのでありました。『生命の實相』を読んで、自分の心が間違っていたということを悟って、心が急に光明化したのであります。すると、その翌朝、食卓の様子が変っているのであります。例日《いつも》の食卓の状態といえば皆むっつりしている。継子《ままこ》の姉娘が皆の者の御飯を盛ってくれるのですが、実子の内翻足の子供には御飯を盛ってくれない。つまり、母親の、継子《ままこ》、実子《じっし》の差別心が子供達の間に現れていたのでありましたが、母親が自分が悪かったと懺悔《ざんげ》の心になったその朝から食事の時に、いつもブッスリしている姉娘が、男の子に対《むか》って、「太郎さん、お茶碗を出しなさい、私が盛ってあげましょう」といっている。すると男の子もニコニコしながら「姉さん、ありがとう」と活潑《かっぱつ》に答えている。気まずかった食卓がぱっと明るくなったのであります。その頃から子供の内翻足《ないほんそく》が少しずつよくなって来たのでありました。

（第22巻58〜61頁）

座骨神経痛が治る

この人は永い間腰の神経痛で長い道を歩くことは出来なかった。家は農を業《ぎょう》としていられたのでありますが、御自分が仕事が出来ないので奥さんが田を耕して良人《おっと》を養っていられたので始終奥さんの前には頭が上らなかった。この方が『生命の實相』をお読みになると永年の神経痛が治ってしまった。もう神経痛が治《なお》ったらどんな働きでも出来る。自転車に乗って用達《ようだ》しに隣村まで行くのに坂がある。この坂は勾配も急だし距離も随分《ずいぶん》長いので青年でも自転車では一気にその坂を乗り切ることが出来ないで、中途で自転車から降りて休むか、そろそろ自転車を持って引き上げねばならない。ところが、この安東さんは、今迄永年の間、坐骨神経痛で動けないほどであったのですが、実に素直な単純な心の持主でありまして『生命の實相』をお読みになると理窟なしにその中に書いてある真理を端的に摑まれる。「人間は神の子である」と書いてあると、「そうだ、人間は神の子だ」と正直に承認される。「肉体は心の影だ」と書いてあると、「そうだ肉体は心の影だ」と承認される。「病気は無い」と書いてあると、「そうだ、病気は無い」と単純に素直に生《うま》れ児《ご》のような心で承認される。そして、さしもの永年《ながねん》の神経痛も「そうだ、病気は無い」と単純に素直に承認された刹那《せつな》に治ってしまったのです。

（第28巻168～170頁）

『生命の實相』で病気が治り、親子関係がよくなる

荻田さんの知人に山本さんという青年がある。盛岡の郊外の或《あ》る村に住んでいられるのでありますが、この人は前には母親と仲が大変悪かった。癇癪持《かんしやくもち》でありまして、癇癪玉が破裂した時などには、何でも手当り次第に母親に抛《な》げ打ちするというような状態でありました。母親は家庭にいても平和でないので盛岡市へ逃れてそこで女中奉公をしている。或るそのうちこの青年が自分の険《けわ》しい「念《こころ》」の具象化として肺病に罹《かか》ったのであります。病院へ入院させましたが、なかなか重態であってちょっと容易に治る見込がないといっ

て、絶対安静を宣告したのであります。山本さんの奥さんはこの医者の宣告を聞いて荻田心斎さんの所へ駈け込んで相談に来た。「そういう話であれば、盛岡の生長の家の支部長をしている佐藤勝身さんという人があるから、その人を紹介しよう」と荻田さんはいって山本さんの奥さんを佐藤勝身さんのところへ紹介なすったのであります。佐藤勝身さんは、それでは「その病気をしている良人《おっと》にこの本をお読ませになるが好《よ》い」といって聖典『生命の實相』の分冊をお与えになった。山本さんはその聖典の分冊をお読みになるとスッカリ今までの心境が変ってしまった。「肺病もよほど進行していて、よほど重態であるから快《よ》くなるか快《よ》くならぬか判《わか》らぬ、ともかく絶対安静にしていなければならぬ」と医者に宣告されていたこの山本さんは聖典を読むと二日で退院してしまって平常通り仕事を始めたのであります。それでズンズン病気が快《よ》くなる、一月《ひとつき》ほどするとスッカリ元気になって、盛岡市へ女中奉公に往《い》っている母親の所へ往《い》って「お母さん、今迄《いままで》私が悪うございました。これ迄のところはお許し下さい。これからどんなお世話でも致しますから、どうぞ家へお帰り下さい」と手をついてお詫びになった。誰に勧められたのでもない聖典『生命の實相』をお読みになって自然に心境が一変してしまったのであります。母親の方でも息子の心の変りかたに泣いてお喜びになりましたが、「奉公先の方《ほう》も急に暇《ひま》をとるわけに行かないし、こんなにしているのも気楽で好いから、今しばらく奉公さして欲しい。また帰りたくなったらいつでも帰るから」という話でありました。山本さんはお母さんが家へ帰って下さらないと気が済まない、お母さんにどうかして家へ帰って欲しいので、また荻田心斎さんとこへ御相談にお出《い》でになると、「山本さんがそんな心境になったのは、俺も嬉《うれ》しい、その心になれば君の病気も治るのは当然だ。しかし、お母さんが、そう被仰《おっしゃ》るなら、その方が自由で気楽でそうしていたいと被仰《おっしゃ》るなら、しばらくそうさせておいてあげたがよかろう。しかし、帰りたい時はいつでも帰って下さいと宣《よ》う頼んでおくんだよ」と被仰った。これは聖典『生命の實相』で病気が治るばかりか、心が変り、親子の不仲がスッカリ良くなった美談であります。

（第8巻91～94頁）

重患者に『生命の實相』を勧める結核療養所の院長

新渡戸《にとべ》博士の孫のKさんが胸の病気を患《わずら》って、医療という医療、あらゆる医療を尽したけれども快《よ》くならないで、もう絶望だと思っている時に某氏《ぼうし》からの紹介を受けて服部《はっとり》さんとこへ来られたのです。一時間ばかり服部さんが「生長の家」の話をされると、それ以来元気になってすっかり病気が治ってしまったのです。この人の伯父さんが湘南《しょうなん》にある何とか院という結核療養所の院長さんです。或《あ》る日このKさんがその病院を訪れて自分の病気が治《なお》った話をせられると、その院長さんは手を拍《う》って感嘆して「そうだ！　そのほかにこの病気の治る道はない！　お前がその方法で治ったというなら、一つわしの病気を治してくれないか」といわれた。それを聞くとKさんは「やっと私は私自身の肉体を自分で運転し得《う》るようになったばかりですから、まだ人の病気を治すようなことは出来ません。そのうちに服部《はっとり》さんに御紹介申しましょう」とお答えになったそうですが、何でもその院長は、御自分は脊椎《せきつい》カリエスにかかっていたのだそうですが、まだ服部さんにはお会いにならないが、時々入院患者中の、医療では治る見込みのない重患者に『生命の實相』をお勧めになっているそうであります。

（第29巻33〜34頁）

手足の関節が動き出し、神経症が治る

或《あ》る日、『生長の家』の誌友《しゆう》である荒《あら》さんのお兄さんが、『生命の實相』を持って来て、「お前この本を読んでみなさい。医者にも見放されてしまったお前の治る道は、この外《ほか》にはないのだから」といってすすめられたのでありました。ところがこの方は強情な質《たち》であったものですから、「そんな馬鹿なことがあるもんですか、あらゆる医療、民間療法をや

ってみても治らなかったのに、本を読んだら治るなんて、そんな馬鹿な迷信はやめて下さい」といって頑《がん》として応じようとはされなかったのでした。二度、三度と兄さんは熱心にすすめられるけれども、荒さんは見向きもされなかった。その時兄さんは荒さんに向って遂《つい》に、「お前の手首の動かないのは、それは心の現れだ、お前の頑固な、突っぱっていて、どうしても枉《ま》げない心がそうさせているのだから、心をそう固くせずに、もっと素直になってこの本を読んでみよ」といわれたのです。その時ふと読んでみる気になられた。最初はやはり半分ばかり馬鹿にしておられたのですが、『生命の實相』を半分ばかり読み終った時に、不思議な事に、レントゲンで見て、骨が膠着《こうちゃく》して固定しているといわれた手首の関節が、柔く普通に動き出したのです。そればかりか体の調子がどんどんよくなって、身体《からだ》中の神経痛も治り、今ではほんのちょっと微《かす》かな痛みが膝に、あるかと思えば残っているように思われるけれども、先日は平気で大掃除をしたが何ともありませんでしたといって大変喜んで私に礼をのべに来られたのでありました。（第39巻219～221頁）

『生命の實相』は「読めば病気が治る」だけではない

皆さんは聖典『生命の實相』や毎月の雑誌『生長の家』のことを「読めば病気の治る本

であって、達者な人には用はない。」と思っていられるかも知れませぬが、それは大変な間違いであります。そういう誤解を招くということは、この『生長の家』には真理が書いてある、その真理を読めば自分の「生命」の実相《ほんとのすがた》がさとられ、悟りに従って自分の「生命」の自由自在さを抑えていた「迷い」がなくなり、「生命」が伸び伸びと解放されて来ますので、私の体験と同様、病気も自然に治《なお》って来るからであります。が、「生長の家」出現の使命を病気治しだと思ってはなりません。真理をさとる功徳《くどく》というものは、決して唯《ただ》肉体の病気が治るというだけのようなチッぽけなものではないのであります。吾々《われわれ》の「生命《いきるちから》」というものは肉体の健康を単に維持するだけのハタラキしかないものではない。吾々の「本質」は無限の智慧《ちえ》であり、無限の愛であり、無限の生命であって色々多方面のハタラキをするものであって、その完全な発現を大和精神《やまとだましい》というのであります。完全に吾々が自己「生命」の実相《ほんとのすがた》を自覚し、大和精神《だいわせいしん》が発揮されますと、色々多方面においても自分の生活が自由自在になって来るのであります。病気が治るのは無論のこと、経済的にも不如意《ふにょい》が如意になって来ます。子供がなくて子供の欲しい人には子供が授《さず》かります。砲烟弾雨《ほうえんだんう》の下《もと》にいても妙に弾丸がそれて当らなくなります。相手に大調和するからであります。人間の運命というものは、自分の放散する心的雰囲気が磁石となり、受信装置となって、それと同様なものを引きつけるのですから、自分が不幸の波長を受信するような受信機となれば感受した不幸を形に眼に見える状態に再現するのでありますから、自分から放散する心のリズムが、愛と光明《こうみょう》に満ちたものであり、弾丸《だんがん》を引寄《ひきよ》せるに不適当なものであれば、弾丸は決して吾々の方へ飛んで来ないのであります。弾丸は外部からやって来て吾々に衝《つ》き当るように思われるかも知れませぬが、どんな運命も、自分から引寄せないのに、外から来て吾々にブッ突《つ》かるものではないのであります。暗《やみ》は光明に来てブッ突かれば、ブッ突かった刹那《せつな》光明に化してしまっている。いいかえると、暗《やみ》は決して光明に打《ぶっ》突《つ》かれるものではない、光明の霊波には不幸は決して近付けない。だから不幸になりたくない人は光明の霊波を自分から出すようにするが好《よ》い。そうすると、暗黒な運命は波長が合わないから自分の方へやって来ない。もしやって来るなれば、自分に近づいて来たときには既《すで》に光明の姿に化して近づいて来るのですから世話はないのであります。

（第1巻88〜91頁）

病気が真に治るのは神の子の本来相を自覚するからである

神誌《しんし》『生長の家』や聖典『生命の實相』を読んで薬剤や医療を廃し、病気の治った例が実にたくさん報告せられて来ていますが、誤解してはなりません。それは薬剤を廃したから病気が治《なお》ったのでもなければ、医療を廃したから病気が治ったのでもありません。一時的病気の消滅ではなく、病気の真《しん》に治るのはただ「生命」が自性円満《じしょうえんまん》なる神の子たる真《しん》実相《じっそう》、本来相《ほんらいそう》を自覚することによってのみであります。他の方法で治ったように見えても真に治ったのではない、この事は特に銘記しておかなければならないことであります。

（第6巻56頁）

経済的不安を消す『生命の實相』

吾々《われわれ》には経済的不安はないのであります。生活に必要なものは必ず神が誰かの手を通して吾々のところへ持って来て下さる、ということが理論ではなく実際にわかって来るからであります。すべての人類がこの経済観に達すると財の循環と分配が完全に行われて地上に経済的天国が出来上るのであります。各個人がこの境地に達するにはどうすれば好《よ》いかと申しますと、自己と神即《すなわ》ち無限供給との一体感を深めれば好いのであります。「メタフィジカル・ヒーリング」と申しますのは、この「神と自己との一体の自覚」から起るところの自《おのず》からなる「神の癒《いや》し」でありまして、手のひら療治その他の霊力治療のように病気を癒すだけではなく、われわれの生活に於て治してもらう必要のあるもの一切について与えられるのであります。神の子たる人間は生活難にくるしむように造られていませんから、先に申しましたように、経済的にでも欲しいものは、どこからか自分の手に入るようになるのであります。これは術者が霊力で治すのではありません。指導者は「神想観《しんそうかん》」によって神との一体感を深くする道を開くだけでありまして、あとはその人その人の修行と信念の深さだけのおかげを受けるのであります。この修行というのは主として「神想観」でありますが、要は神との一体感が深くなれば自《おのず》からなくてならぬ物は手許《てもと》に集まり、求むる通りに癒されるのであります。副修行法としましては、『生命の實相』第四巻(註・新編『生命の實相』第14～15巻)に説明致します『自己暗示』の法を応用せられると共に、常につとめて信仰を高むる言葉を読むようにしなければなりません。

(第4巻231～232頁)

耳鳴止《みみなりや》み、店が繁盛する

材木《さいき》さんの泊っておられた小川旅館のおかみさんが耳が悪くて少しも聞えなかった。始終耳ががんがん鳴っていて聞えなかったのであります。客も三、四人しか来ないで経営も思わしからず、困っている状態なので、材木さんが「生長の家」の話をして是非《ぜひ》読んでみるようにと教えられたそうであります。それでおかみさんが生長の家の聖典『生命の實相』を貰《もら》って一所懸命《いっしょけんめい》に読んでみられた。一度は、石井照子さんに訪問してもらったのでありますが、それ以来気分がすっかりよくなって今まで夕立のようにざあざあなっていた耳鳴《みみなり》がぴったり止《や》んでしまったのであります。耳だけではない。主婦《おかみ》さんの心が変って来ると、それと同時に店が繁昌して来たのです。四、五人しかなかった客が三、四十人もやって来て、部屋が足りなくなって一室に二組三組と詰め込まねばならぬような始末になって来たのであります。心が変れば店が繁昌する。貧乏も極楽も皆心の中にある。これは唯《ただ》の一例ですが『生命の實相』という本一つで、この宿屋の主婦《おかみ》さんの環境が地獄から極楽へ一転してしまったのであります。これを推し進めて行きますと、『生命の實相』の本を読ましたら、その読む人の環境が極楽になる。すべての人間に『生命の實相』の本を読ましたら、すべての人間の環境が極楽になる。そうすると心一つで地上に天国が成就《じょうじゅ》することになるのであります。

（第28巻138～139頁）

息子と和解した母親

「肉体は心の象徴《かげ》である」この法則より分析して行《ゆ》くときは、フロイド博士や、ステケル博士のように長い間の対談が要らないで、しかも、神経症状が治《なお》るだけではなく、このような具体的症状さえも治ってしまうのである。その婦人は一週間後に来られた時にはパインアップルのような腫物《はれもの》で数年間も凸凹《でこぼこ》していた顔は、滑かになってほとんど普通の滑かな皮膚になっていた。そしてその婦人は感謝して次のように言われたのであった。

「私は今迄《いままで》、自分の我《が》の強いということを知っていました。それを治そうと思って色々努力してみましたけれども治りませんでした。ところが先日先生からいわれた一言が、ピタリと私の心に当りました。退引《のっぴき》ならぬ強さでその御言葉が私の欠点を指摘しました。その瞬間、アア私が悪かったと気がつきました。そして帰ってから『生命の實相』を一所懸命《いっしょけんめい》に読みました。ヒシヒシ胸にこたえる事ばかりです。すると、いつの間にか私の心が前とは変っているのです。私は養嗣子《ようしし》を貰《もら》ってそれに嫁を貰って一緒に住んでいるのですが、今迄というものは、その息子に対して『今迄あんなに世話をしてやったのに、たったあれ位の安月給をとりながら、何じゃ、若主人顔して威張《いば》ってやがる、お前なんかに世話になるものか』という気がしていました。すると息子の方でもいつも不愛想《ぶあいそう》で一緒に住んでいても話なんかしたことがありませんでした。ところが先生のお話をきき、ああ自分の心があさましいこの顔の通りの心であると気づかせてもらいまして、聖典を読みましたら、私の心がいつの間にか変っていて、その息子が会社から帰りますと、私は何心《なにごころ》なく玄関へ出迎えまして、『ああ暑いのに働いて頂いて、お気の毒だったなァ』といって団扇《うちわ》で煽《あお》ぐような自分になっていました。今迄《いままで》そうなりたい、なりたいと思ってもなれなかったのが、いつの間にかそうなっているのです。すると、今迄かすんで見えなかった眼がハッキリ見えるようになりました。すると、三、四日のうちに、数年間も治らなかったこの顔の腫《は》れ物《もの》が、ズンズン引いてこんなに無くなりました。私は私の心がこんなに変ることが出来たのは肉体の眼がよく見えるようになった事よりも顔の腫物《はれもの》が治《なお》ったことよりも尚々《なおなお》有難いと思わせて頂いています。息子も私の心が変りましたので、常にムッツリ何一つ私に話しかけなかったのが深切《しんせつ》に話しかけてくれるようになりました。」

（第11巻200〜202頁）

酒・煙草《たばこ》が不味《まず》くなった

或《あ》る人は『生命の實相』を読んだら酒が不味《まず》くなった、煙草《たばこ》の味が悪くなったというのでありますが、それは味が悪くなったのではないのでありまして、味が好《よ》いと思った方が錯覚だったのです。人間の食べるものでないアルコールや煙を喫《の》んで味が好いというのが病的であって嘘《うそ》だったのであります。中には生長の家に入って煙草も不味くなって喫《の》めなくなったという人で、又一年もすると喫《す》い出す人がある。『生命の實相』を読んで酒を飲まなくなった人で、又一年もすると飲み出す人がある。そして生長の家の効力《ききめ》も永久には続かぬという人がある。これは非常に残念な事だと思うのでありますが、それは段々入信当時の感激が薄れてくるからです。その感激の薄れたところへ迷《まよい》が入って来て惑わすのです。ですから吾々は常住感激病に罹《かか》っているのが好いのです。その為には同じ真理でも又別の文章で読む、毎月新しい『生長の家』誌を読むのがその捷径《ちかみち》であります。

（第27巻113～114頁）

女性の天分は「愛」である

女性の天分は愛であります。柔かさと温かさと赦《ゆる》しと抱擁《ほうよう》と羽含《はぐく》みとであります。この天分を十二分に発揮しましてこそ柔かく温かく光明《こうみょう》に満ちた家庭を造る事が出来るのであります。「愛は癒《いや》す」ということが『生命の實相』に書いてあります。男性の心の傷も夫人の「愛」によってのみ完全に癒やすことが出来るのであります。愛は鶏《にわとり》が卵を抱いた姿であります。ふうわりと柔かい――これがなければなりません。表情も柔かくなる事が必要であります。といって急に柔かくなる事はちょっと難かしいのでありますが、その秘訣を申しますと、表情を柔かくするには、心が柔かくなれば自然に表情が柔かくなるのであります。（第27巻127～128頁）

母親の精神波動が家族を健康にする

こんな話があります。阪神間の芦屋《あしや》に住んでいられた検事さんの奥さんが、或《あ》る日一人の男の子を連れて来られて、数ヵ月前から、主人から奥様、子供に到るまでことごとく肺炎に罹《かか》って、「いまだにこの児童の咳《せき》が治《なお》らないで時々熱が出るから治して欲しい」といわれるのです。それはまだ私が阪神間の住吉に住んでいた時のことでありますが、そのお母さんに私は「それはこのお子さんの病気ではない、あなたの病気なのです。あなたが『病気、病気』と思っているから、その念《おも》いが子供に反映して病気をあらわしているのです。あなたの病気を治してあげましょう」といって、子供を治して欲しいといっている母親の背中に、十分ばかり手を当てていたのです。「将《しょう》を射《い》んとすれば先ず馬を射よ」「子供を治そうとするには先ず母を治せ」というわけでありました。子供が病気だのに母親に手を当てる——妙なことをするものだとその奥さんは不平がましい顔をして誌友《しゆう》にもならずにお帰りになりましたが、その日と翌日一ぱいとはそれで子供の咳が止《とま》ってしまったのです。

翌々日が過ぎるとまた子供が咳をはじめた。病人に手を当てて治るのなら「手のひら療治」というわけでありますが、健康な母親に手を当てて病人の子供が治るのですから、手のひらが病人を治したのではない。それでこの母親は、母親に手を当てて子供の病気が治るという不思議な母子の相関的関係に気附《きづ》かれまして、とうとうまた「生長の家」へ来られまして聖典『生命の實相』をお求めになり信者におなりになったのです。信者になり『生命の實相』をお読みになったら、母親の精神波動が光明化されて来ますから、その精神波動が影響して別に手を当てて念ずるなどという必要がない。それでいて、今迄《いままで》家族じゅう交代に病気していたその検事さんの家にはそれ以来誰も病気するものがなくなってしまったのであります。病人だけを病気の時に医者に連れて行って治してもらっていては、たといその一人の病気が治ったにしても、末長く全家族の病気が治るなどということは出来ないのであります。全家族ともに末長く病気というものと絶交するにはどうしても家族の精神的葛藤というものを根本から解《と》いてしまうということが必要であります。

（第28巻57〜59頁）

心を明るく有《も》つことと神霊の加護の力

輝く明るい精神が肉体の健康に及ぼす好影響には偉大なるものがあるのである。医者の治療でハカバカしく治らなかった病人が、『生命の實相』を読んだのを一転機としてめきめきと快方に赴《おもむ》く人たちがあるのは何故《なぜ》であろうか。霊的にこれを観察すれば、同書は神の人生光明化運動の機関であるので、それを声挙げて読誦《とくじゅ》すれば必ずそのコトバの波動《バイブレーション》に感応《かんのう》して来《きた》り給《たま》う神霊《しんれい》があり、この神霊の加護の力で病気が治《なお》るとも言い得《う》るであろう。が、心理的にこれを観察すれば、読むに従って、その人が真理を知り、魂に今まで蔽《おお》いかぶさっていた陰鬱《いんうつ》な暗雲がのぞかれ、恐怖と不安とが一掃《いっそう》されて、魂が平和と明るさと信念とに満たされたからである。

もし、人間に心の平和と明るさと信念とがないならば、神が如何《いか》に人間を救いたいと欲し給うとも、その人は神の救いを受ける資格がないであろう。何故なら、神の救いの波動とその人の救いを受ける受信機とは波長が合わないからである。たとい救いの波動はそこに来ていようとも、波長の合わない受信機をその波動は素通りするほかに道はないからである。また喩《たと》えば救いの光線がそこに射して来ていようとも、心の暗雲がそれを遮《さえぎ》ってしまうならば、その救いの光線は吾《われ》らに決して届かないことになるであろう。だから吾らは何をおいても心を明るく有《も》たなければならないのである。

（第13巻126〜127頁）

自分自身が教祖となり神のお告げを下す

「おみくじ」のように、胃病にはこれ、肺病にはこれと念の象徴化の法則に合うことを予《あらかじ》め書いておいてそれを係の人が神宣《しんせん》と称して信徒に下げる事にするのです。で、大抵そういう場合の神宣の内容は一般に誰にでも通用することで、それで治るのであります。「お前は我《が》が強い」といわれても「我《が》」の強くない人間はほとんどないから、「よく当る！」と感心する。どんな仲の善《よ》い夫婦でも、時には夫婦喧嘩をする、そういう場合に子供が病気になる、夫婦和合して子供が治るのは「生長の家」の説くところです。「生長の家」では、今を生かせ！　成功の道だ、と切実に常に書いてある、皆《みな》神宣です。先日も東京から来られた松本さんが「今」という一字を大きく揮毫《きごう》してくれとお頼みになって、書いて差《さし》上《あ》げた。これも神宣であります。「生長の家」では聖典『生命の實相』や毎月の『生長の家』がことごとく神宣ですからそれをお読みになり、それに照らして自分の言行《げんこう》を反省して御覧になれば、自分の欠点や心得違《こころえちが》いというものは自分でわかり、自分自身が教祖となり、自分の欠点に対して自分が神宣《しんせん》を下《くだ》し得《う》るようになっているのであります。
（第29巻186〜187頁）

『生命の實相』を語り伝えるだけで人が救える

生長の家では「神の子、神の子」と呼んで、「ハイ、ハイ」と答えるのであります。また神想観《しんそうかん》といって自分が神の子が道を歩いていると思う」のであります。道を歩いている時にも「今、神の子が道を歩いていると思う」のであります。そして心の底から自分が土の塵《ちり》にて造られたアダムの子であるという潜在意識が消え、全ての罪の意識が消えたときに、吾《われ》らは完全に救われたということになり、すべての自由な完全な状態が、実相そのままの現れとして自分自身に実現するのであります。キリストが「汝《なんじ》の罪赦《ゆる》されたり、起《た》ちて歩め」と言って病者を癒《い》やされた如く、私もまた同じように言って病者を癒やすことが出来るのは自分自身の罪の観念で自縄自縛《じじょうじばく》された結果、病気をあらわしている者が、罪の観念を解除された結果、自然に治るのであります。生長の家が出現して以来、多くの信徒たちがただ、『生命の實相』の聖典を読むだけで、その『生命の實相』の内容を語り伝えるだけで多くの病者を癒やし得た体験を発表していられるのも、神の創造《つく》り給《たま》える世

界には本来罪も無く神罰《しんばつ》もないからであります。（第37巻123〜124頁）

我見《がけん》を捨てよ、自分の尺度を捨てよ

仏教では「自分の尺度」のことを「我見」という。自分の尺度を握って離さないことを「我見に執《しゅう》する」といって、悟りを開くに大変邪魔になるものとせられているのでありま す。もう一つ例を引いてみますと、人の道教団では病気を治して頂くのに御神宣という神様のお示しを頂くことになっている。その御神宣は大抵共通であって「我を捨てよ」という意味のことが書いてある。つまり、我見を捨てよ、自分の尺度を捨てよという意味である。我見があり、自分の尺度があるので互いに衝突して和合《わごう》が出来ないのでありますが、この自分の尺度、我見というものを捨てると、争う心がなくなる、争う心がなくなると、聖典『生命の實相』の巻頭に書いてある「汝ら天地一切のものと和解せよ」の教えの「和解」が出来て来る。すると一切のものは吾々を害することが出来なくなる。全世界が天国になり、国家が安穏《あんのん》になり、家庭が平和になり、各人間が幸福になり健康になって来る。人の道教団では病気の人がお伺いをたてると御神宣というものをくれる。それは互いに誰にも見せたらいかぬということになっていて秘密になっていますが、大抵「もうこれから我《が》を一切立てません」などというような意味が書いてある。互いに見せ合うと、「君も同じことか、何じゃ」ということになって、「我《が》を捨てよ」という教えをおろそかにして実行しないことになる。それでは折角《せっかく》の御神宣《ごしんせん》が何にもならぬことになるから、内容秘密主義にしてあるのです。しかし、要はこの「我を捨てよ」ということである。そしてこの御神宣を実行すると病気が治《なお》る、八十パーセント実行すると八十パーセント病気が治り、百パーセント実行すると、百パーセント病気が治る。その理由は「我を捨て」我見《がけん》を捨て、自分の尺度を捨てると天地一切のものと和解出来るからであります。（第30巻140～142頁）

『生命の實相』を読んで物の味が変わる

吾々《われわれ》が美味《おい》しいと思っているのは、物質そのものが美味しいのではない。心がおいしいと思うからこそおいしいのです。こういう話があります。信徒の方ですが、その方は大変に牛肉が好きだったのです。好きで好きで食べずにいられない。牛肉屋の前など通ってスキ焼きのにおいがして来ると思わず飛び込んで食べたくなって来る。もし自分が貧乏になったら、借金をしてでも肉食はやめられないという程に好きであった。ところが先達《せんだつ》てのことその方が来て話されるのに、「私食物がすっかり変ってしまいました」とおっしゃるのです。あれ程好きだった肉食が『生命の實相』を読んだら全然きらいになったといわれました。或時《あるとき》何かの都合で女中さんがいないところへ奥さんが里帰りしていられて自分ひとりであったから、御飯のお菜《さい》を簡単にするために丼を註文《ちゅうもん》された。その時出来るだけ肉気のないものをというのでチラシずしをとられたところが蓋をとってみるとマグロの刺身の三角のきれが二つ這入《はい》っていた。あまり食べたくもなかったが、勿体《もったい》ないと思って無理に食べてしまったがとてもまずくて仕方がない。もう少しで吐《は》き出してしまいそうになったのを無理矢理呑《の》みこんでしまいましたと申されたのであります。これでも分るように、牛肉が美味しい鮪《まぐろ》の刺身が美味しいというのも、要するに心が美味しいと思って食べるから美味しいので、その心が変ってしまったらもう牛肉であろうと何であろうと美味しくなくなってしまうのであります。世間には冷《ひや》御飯が一等美味しいという人もある。そういう人は冷御飯が何よりの御馳走《ごちそう》だといいます。普通の人だったら冷御飯よりも、たきたての御飯に刺身でも添えて食べる方が遥《はる》かに美味しいのにと考える。これは要するに、その人々の心の持ち方なのです。心が変化すれば、それに従って物の味も変って来るのであります。

（第35巻190〜192頁）

『いのちのゆには』の神示

見真道場《いのちのゆには》とは真《まこと》を見《あら》わす斎《きよ》めの場《にわ》である。「真《まこと》」とは「生命《せいめい》の実相《まことのすがた》」のことである。斎《きよ》めるとは迷いを除くことである。人は神の子であるから、その実相《じっそう》を見《あら》わせば病《やまい》なく、悩《なやみ》なく、死なく、罪なく、一切の不幸は無い。人の世は、神の子と神の子とが相寄《あいよ》って造っている世界であるから、その真実の相《すがた》があらわれれば、人と人、階級と階級、国と国との争い闘いも自然に消える。実相をさとった人が少いために皆が苦しむのである。仮相《かそう》を実相だと思い誤り、皆が苦しんでいるのが可哀相《かわいそう》であるから、さきには智慧《ちえ》の光で迷《まよい》を照破《しょうは》するために、聖典『生命の實相』を造らせたのである。これを読むだけで救われる人は余程神縁の深い人達である。この神縁をおろそかにせずに人に伝えて尚々《なおなお》多くの兄弟を救うよう協力せよ。人はすべて神に於て兄弟である。人を救い、道を伝えようと思えば、それが愛即《すなわ》ち神心《かみごころ》であるから、その人に神は偕《とも》にありて神の言葉をその人に話さすのであるから、自分はまだ人に話すだけの力がないなどと思わず、その時に「生長の家」について思い出したことを話せば、それが種子《たね》となって相手が救われる。人は種を播《ま》きさえすれば好《よ》い。教えの種子は神が人の心の中へ吹き込むから、思い出すままに語ればそれで相手が救われる。人ひとりでも救うのは神の前に大いなる仕事である。この事はだいじである。本だけ読んで悟れる程の境に達していない人のためと、人を救うために尚一層深く知りたい人のために、智慧《ちえ》の光に、愛の温さを加えて色々世話をやくように智と愛との十字で曼陀羅《まんだら》を織《お》らせるのが見真道場《いのちのゆには》である。これから人を救うための天使の霊の宿っている善き人たちが諸方からこの道場へ集まってきて、奇蹟をこの道場で見せる。愛の心で来るものは神徳《しんとく》を受けて帰るが、審判《さば》く心や素見《ひやか》し心で来るものは神と心の波長が合わぬからその心が治らぬうちは神徳は受けられぬ。（昭和七年三月十四日神示《しんじ》）